Este oficio solitario & Odas y elegías

José A. Peláez

Este oficio solitario
&
Odas y elegías

San Juan • 2015

© 2009-2015, José A. Peláez, Arte Sobre Papel

Me puedes enviar tus comentarios o solicitar más copias de éste u otros volúmenes a:

Tamaulipas AZ-7, Venus Gardens
San Juan, PR 00926
o a:
pelaezjosea@gmail.com

Diseño, tipografía y foto de portada: José A. Peláez

Todos los derechos reservados.
Queda prohibida la reproducción
total o parcial de esta obra,
sin la autorización escrita del autor o el editor.

ISBN: 978-1-935892-63-2

Una especie de introducción

La mayoría de los poemas que aparecen en este libro se remontan a la época anterior y posterior a la publicación de mi primer poemario *Poemas sobre el lienzo* (Arte Sobre Papel, 1993), especialmente los de la primera parte, *Este oficio solitario*, que componen una especie de *ars poetica*, con los que trataba de explorar ese fenómeno nuevo para mí, de escribir poesía. Se hicieron para tratar de contestar las preguntas de porqué y para qué escribimos poesía, desde el punto de vista colectivo y personal, y muchos de ellos fueron leídos en distintos talleres de poesía en los que participaba en ese momento. Creo que los publico por añoranza, pero también porque me definieron y me definen todavía.

La segunda parte del libro *Odas y elegías* está dedicado a cosas, gentes o circunstancias que han tocado alguna fibra íntima de mi ser o han tenido alguna influencia sobre mí y que debe mucho a las numerosas lecturas que hice de uno de mis libros favoritos de poesía: las *Odas elementales* de Pablo Neruda (hasta ahí cualquier similitud que pueda haber entre el gran poeta y yo). Ni en la primera ni en la segunda parte aparecen los poemas en algún orden cronológico, sino en el orden que deben llevar para que fluyan orgánicamente. Y, basta de explicaciones, que cuando las cosas se explican demasiado se dañan.

JAP

OTRAS OBRAS DE ESTE AUTOR:

*Poemas sobre el lienzo
Con música y dos películas de terror*,
Arte Sobre Papel, 1993.

Poemas sobre el arte y los artistas, acompañados de alguna de la música favorita del autor y dos películas clásicas del género.

Arqueología, Editorial de la UPR, 1997.

Poemas de amor y desamor, enfocados desde un punto de vista analítico, científico – o por lo menos eso pretende el autor que creamos –.

5 - 7 - 5 Colección de haiku,
Mariana Editores, 2007.

Acercamiento a la forma clásica de la poesía japonesa, pero con temas cotidianos, más cercanos a nuestra realidad.

Cotidianos, Libros de la Iguana, 2010.

Su primer libro de prosa contiene crónicas fantasiosas y una sección de mini-cuentos.

ÍNDICE

ESTE OFICIO SOLITARIO

¿Para qué sirve la poesía?   11
Desvelo   13
El papel en blanco   14
Por tí   15
Vigilia   16
En mi hora de almuerzo   18
Hoy quisiera   19
Hoy es un buen día   20
Este oficio solitario   21
Manifiesto   22
Versos sencillos   23
Manifiesto II   24
Invocación para un 17 de febrero   25
Meteorológico   27
Recital   28
Poetisa de las acacias   29
Metamorfosis   31
Que otros hagan poemas   32
Soñé que caía   33
Siempre me ha maravillado   34
Se siente la atmósfera   35
Hoy camino entre los penitentes   36
No, gracias   37
Esquela   38
Epitafio   39
Motivos de poesía   40

Advertencia 43
Un poeta ante la luna llena 45

ODAS Y ELEGÍAS

Una lección de geometría 49
Añoranza de la inocencia 51
Alabanza del papel 53
Martino del Sur 56
Los últimos minutos de Toshiro 58
Escarabajo azul 61
Elegía de una estrella 62
Amelia Earhart (en su propia voz) 64
Oda del tambor 66
Requiem para Antonio 68
Elegía del cine de barrio 71
Otro 11 de septiembre 74
Oda al espárrago 76
Oda al viejo Yang Tzé 79
Pequeña elegía para Jdimytai Damour 80
Oda a la guitarra eléctrica 82
Ángel maderero 85
Romance sobre un tema de Piazzola 86
Mercedes, a tu presencia eterna 87
Mausoleo para Ché 89

Este oficio solitario

¿Para qué sirve la poesía?

Mucho me temo
que la poesía, no podrá
reparar las heridas
de las paredes de la ciudad
que la han convertido
en un getto dilapidado,
ante la mirada indiferente
de los transeúntes
hablando en sus celulares.

Será difícil que la poesía,
pueda detener
las manadas de SUV's
(léase Super Ultra Vulgares)
aplastando con sus patas
de varias toneladas,
los últimos vestigios
de un paisaje incontaminado.

Es casi imposible que la poesía
sirva de escudo a los miles
de civiles inocentes
sacrificados en guerras
donde el odio y la avaricia
se esconden detrás
del prejuicio y la venganza,
vestidos de principios religiosos
y arropados de patriotismo.

No creo que la poesía pueda
detener el furor inexorable
de las aguas bajando por las colinas

taladas y desforestadas
por la ambición sin freno
del desarrollista inescrupuloso
y el político condescendiente
que encumbrados en sus casas
de millones de pesos
miran pasar la corriente que arrastra
las esperanzas de los pobres.

No creo que la poesía pueda contribuir
a subir el salario del trabajador promedio,
para que al final del día
no tengamos que escoger
entre la comida y la luz
o entre la salud y el teléfono,
entre la educación y la renta
o entre una muela y el carro.

Entonces, ¿para qué sirve la poesía?

Quizás para articular
la voz de muchos silenciosos;
para emitir el grito
que no pueden lanzar
los muertos y los reprimidos,
o quizás, todos estos siglos
hemos estado haciendo
la misma denuncia,
que ya nadie escucha
y que tuvo su origen
con los lamentos
de nuestros primeros indios,
masacrados por una raza extraña,
para despojarlos de su oro y sus mujeres
y para imponerles un dios ajeno.

16 de enero de 2006

Desvelo

Ahora las palabras
rodean mi desvelo,
envueltas en el calor de la madrugada.
Ya no respetan mi sueño,
ese último reducto
que no habían invadido todavía.
Me rondan sigilosas,
pero insistentes,
para no despertar a nadie más
sino a mí.
Pueblan mi mente
armando y desarmando imágenes
como espejismos que se desvanecen
en el aire de la mañana,
exigiéndome tomar cuerpo,
reclamándome
la superficie de una página.
Dormir ahora sería redundante,
sitiado así
por estas tiranas implacables.
Entonces, bajo una luz muy tenue,
las voy acomodando
entre las líneas de mi poema
sin hacer mucho ruido.
Después de todo
no sería justo levantar a esta hora
a alguien que no sea poeta.

El PAPEL EN BLANCO ME RETA,
su blancura me enmudece,
me conmueve su pureza.
Desafía mis palabras
r e s p l a n d e c i e n t e,
como una pared blanca
interpuesta
entre mi jardín y yo.
–Sólo puedo ver las flores
si me asomo por encima
de su borde perfecto,
enpinándome
sobre las puntas de los pies.–

Al cabo de un rato
mi callada contemplación
lo afecta:
Empieza a germinar versos
como surcos en un campo,
perfectamente alineados,
despojándolo poco a poco
de su limpieza brillante,
extinguiendo poco a poco
su mutismo.
En la más sencilla
de las simbiosis
intercambiamos nuestros silencios;
vencí su terquedad callada,
poblé su perfecta nada
con mi verbo.

6 de julio de 1994

POR TI
descuidé mi casa y mi hacienda.
Los platos sucios
se amontonaron en el fregadero
y la hierba del patio
creció descontroladamente.
Porque, ¿cómo podemos pensar
en las obligaciones rutinarias
cuando todos los flamboyanes
han florecido?;
¿quién puede lavar un carro
cuando el peso de los mangós
dobla los árboles,
pagar las facturas,
cuándo transcurre un día azul
henchido de sol?
Poesía:
¿Cómo puedo ignorar tus signos?

Agosto 30 de 2008

Vigilia

Yo también he pasado
noches febriles,
al acecho de una palabra.
Como un cazador furtivo,
con la luz de la luna en mi cara,
sentado detrás de las hierbas más altas,
tan altas que apenas
se podían divisar las metáforas,
hasta que ella pasaba
más grácil que las demás,
más fina su pisada,
mirando de un lado a otro
como una gacela asustada
y yo, torpe cazador,
usando mil artimañas
para poder capturarla.
Pero no siempre lo lograba.
Muchas veces
tuve que conformarme
con ver cómo se alejaba,
tan rápido como vino
eludiendo todas mis trampas.
Sé de cazadores que hace tiempo no duermen,
en vigilias largas de madrugadas,
que extrañan
la suavidad de sus camas,
porque las palabras
son inconstantes
y no han podido hallar
la que buscaban.

Por eso hay noches
de mil poemas inconclusos,
como hay firmamentos
de mil estrellas que se apagan.

diciembre de 1995

En mi hora de almuerzo,
se me ocurren las mejores ideas
para escribir un poema.
A veces tengo un almuerzo
de dos poemas de duración,
otras veces tengo tiempo
para un solo poema
y poco almuerzo.
Algunos días,
no hay tiempo ni dinero
para un almuerzo,
pero siempre hay espacio
para unos versos.
También hay días opíparos,
de mucho almuerzo
y nada de poesía,
pero afortunadamente
estos son los menos.
Es lo más conveniente
para mi dieta y mi alma.

Hoy QUISIERA
conjurar palabras de aliento,
hermosas metáforas,
imágenes líricas
y todas esas cosas
que con alguna probabilidad
pudieran alegrar mi espíritu.
En cambio
todo lo que sale de mis manos
me sale agrio,
las palabras tocan el papel
y lo queman
con esa cualidad combustible
que tiene la desesperación,
algo así como la hojarasca seca
en una tarde de verano.

Si buscabas un final feliz
no lo encontrarás hoy en mí.
No lo encontrarás en mis palabras
y, ciertamente,
no lo encontrarás en este poema.

Hoy es un buen día
para hacer un poema.
Me levanto temprano,
el sol está brillante
y no hay una sola nube
que perturbe mi ánimo.
A la calma le robo un espacio,
como conviene a este menester,
con un poco de café
y un poco de música.

Pero no pasa mucho rato
sin que empiece a sonar el teléfono
con voces amables, pero urgentes,
voces que desencadenan compromisos:
trabajos de última hora,
facturas pendientes,
todo un racimo de obligaciones nuevas
del que no me van a liberar los versos.

Se rompió el encanto,
se disipó mi espacio de calma,
mi espacio del alma,
rindo mi pluma
a la rutina diaria
y no podré recuperar
el terreno invadido hasta mañana.
Y sin embargo,
hoy parecía un buen día
para hacer un poema.

Este oficio solitario

El oficio de poeta
es el más solitario.
Encuentro voces solidarias
pero no compañeras.
La percepción nueva de las cosas,
por ese empeño alucinado
de amarrarlas con mis versos,
me distancia de los demás
que conversan solo verbos.

Ahora que me rodeo de palabras
me cerca más el silencio.

La continua reflexión,
por querer cuajar en poemas
mis sentimientos,
me ha tornado introspectivo,
quizás un poco más triste
por estar siempre acariciando
ese límite impreciso
entre la imagen y la melancolía.

Comparto con otros mi emoción
aunque no compartan mi senda.

Cuando inicié este camino
lo hice palpándolo a tientas,
sin tener noción entonces
de la soledad necesaria
de este oficio solitario:
Este oficio de ser poeta.

Manifiesto

No me considero un erudito.
No puedo citar de memoria
a los grandes poetas.
Nunca tomé cursos
de Literatura Comparada
ni participé de talleres de poesía.
Pero sé que tengo esta voz
que roe mis entrañas,
que pugna por salir al exterior,
que busca su sitio en el aire
junto a las flores y las noches.
Si no la atiendo
sé que voy a estallar,
dejando unas manchas de colores
sobre el papel
(Algo así como una prueba de
Rorschach
que solamente yo podría descifrar).
Afortunadamente
esto no ha ocurrido todavía
porque yo escucho esa voz.
La resguardo de miradas indiscretas
y, maravillado, la cultivo
como quien cultiva una flor exótica
de belleza insospechada.
Todavía me sorprendo a mí mismo
cuando reconozco su aroma
en estos rasgos
de escritura apresurada,
ansiosa,
en estas palabras como pétalos
que se me escapan entre los dedos.

> Si ves un monte de espumas,
> es mi verso lo que ves:
> Mi verso es un monte, y es
> un abanico de plumas.
>
> José Martí

Versos Sencillos

Hay poetas que tienen
vocación de astronautas
y apoyados en la punta de sus versos,
pretenden alcanzar las estrellas.
Amontonan palabras cósmicas
e imágenes siderales,
para mejor alzarse
por encima de nuestras cabezas.
Yo prefiero a la poesía
que camina entre la gente,
que nos saluda
con un apretón de manos
como si fuéramos viejos amigos,
que desafía nuestra imaginación,
pero no pretende
confundir nuestro espíritu.
La poesía que canta
a las cosas sencillas,
como una tarde de amor,
un café caliente
o una película de Hitchcok.
Así quisiera yo
que fuese mi poesía:
con los pies en la tierra
y con alas en los versos,
pero no que vuelen tan alto
que no alcancemos a verlos.

Manifiesto II

Nunca supe estar de moda,
ni escribir poemas
que estuvieran de moda.
Solo quise ser
lo más honesto posible
conmigo mismo
y los demás que estuvieran
al alcance de mis palabras.
Por eso escribo versos
como un par de zapatos cómodos,
como unos mahones gastados,
o una camisa de algodón
que me deje sentir la brisa del verano.
Así me reconocerán en la calle,
porque salgo vestido como mis versos
y, aunque no esté a la moda,
me siento muy a gusto con ellos.

21 de febrero de 1995

Invocación para un 17 de febrero*

Como quisiera Julia,
reunir mis palabras para hacer
un abrazo acuático,
un poema marino
lleno de versos como los tuyos,
que se rompen contra los acantilados
y nos llenan de espuma.
Poetisa de las aguas,
ya sean de mar o sean de río,
en este día de tu cumpleaños
casi me conformaría
con existir entre las líneas
de alguno de tus poemas,
aunque sea como un pedazo
de coral o de arrecife
y llenarme de algas
olorosas de sal.
Podría también,
hallar mi sitio
entre los chinos redondeados
por las aguas de tu amado río,
como otra piedra más,
esperando por un pie ligero
que se sirva de mí
para alcanzar la otra orilla
o por la mano de un niño
que me convierta
en un proyectil saltarín.

* Nacimiento de nuestra excelsa Julia de Burgos

Ante la imposibilidad de lograr
cualquiera de estas metamorfosis,
o de poder igualar
la brillantez de tu verbo,
resuelvo buscar
un espacio en soledad,
para leer y releer tu poesía,
aposentarla en mi alma
hasta empaparme de ti,
para rendirte el homenaje más callado
pero más sincero.
Una celebración sin ruido
aquí en mi corazón.

para Mercedes Quiñones

Meteorológico

Hoy amaneció el aire
cargado de poesía,
dulce,
    espeso,
        eléctrico,
con una ionización
que se puede deletrear
con los dedos.
Los poemas se escriben
casi solos
si expongo
por suficiente tiempo,
el papel a los elementos:
dejaré que se escriban
con un poco de lluvia,
con un poco de viento,
con la grafía precisa
del relámpago
    y
        del trueno.
Lo dejaré todo a la casualidad,
al azar inconsistente,
a la escritura automática del tiempo.

Hoy es el día número siete,
y el poeta descansa
de recrear su universo.

16 de marzo de 1995

Recital

La noche se cierne sobre nosotros
cargada de poesía.
Al principio,
tus versos se pierden
entre el tintineo de los vasos
y la conversación persistente.
Pero luego,
tu transformas el espacio
con tu verbo brillante
que va cuajando el silencio
de imágenes,
hasta que todos quedan pendientes
de cada una de tus palabras.
No nos dejes caer, poeta.
Sigue tendiendo entre nosotros
ese puente de cristal
por el que cruzamos la noche
sigilosos como sonámbulos,
temerosos de romper
ese momento mágico.

para Dalia Nieves:

Te admiro poeta
porque conoces tu oficio,
porque entiendes tu misión.

Poetisa de las acacias

Amiga,
me siento aquí a tu lado
y escucho tus palabras
líquidas,
mágicas.
Tus imágenes
atravesando el aire de la mañana,
cálidas,
como el sol que entra por el balcón;
frescas,
como la brisa que mueve
las flores de las trinitarias.
De entre ese montón
de papeles ajados y amarillentos,
me ofreces memorias
de tus años más jóvenes.
De tus días de acacias.
Por instantes,
eres capaz de llevarme
hasta el borde de las lágrimas
o arrancarme
una sonrisa de complicidad
con tus ironías.
Y yo
sentado aquí a tu lado,
asisto a tus juegos florales,
me cargo de energía creativa

y me siento rebosante de poesía.
Casi no puedo contenerme
hasta llegar a mi casa,
para sentarme a escribirte
este poema.

Metamorfosis

para María Rosa

Escucho tu voz
que desgrana la noche
en palabras de cristal,
de una ternura
sólo comparable
a la humedad
de tus ojos acuáticos.

Tus evocaciones
son hilos casi invisibles
que hilvanas ante nosotros,
y nos conectan
a tu mano temblorosa,
hasta que todos los versos
forman una crisálida traslucente
que nos envuelve
en tu propia reminiscencia
de amores y ausencias,
y de la cuál, no sólo tú
saldrás transformada.

Se disolvió la cáscara mágica
al pronunciar tu última palabra.

No fue sino después
de la pausa y del aplauso,
que pude notar el cambio:
Caminabas al micrófono,
cuando empezaste,
pero ahora te alejabas
con tus propias alas.

QUE OTROS HAGAN POEMAS
para recordar una caricia,
a mí no me gusta perder el tiempo
en reminiscencias:
Yo construyo mis versos
para que ellos
sean mis caricias.

SOÑÉ QUE CAÍA
y mientras lo hacía,
escribía,
para no morir escribía,
porque la muerte
me perseguía,
pero mis versos
me precedían
para amortiguar
mi caída.

Si un poema
me hundía
otro poema
me salvaba
la vida.

Siempre me ha maravillado
esa cualidad dual
de la palabra,
de ser pétalo
o de ser espina.
Puedo prodigar con mis versos
una caricia
largamente deseada
o usarlos como un arma,
para infligir heridas
de consecuencias funestas,
o producir el bálsamo
exactamente recetado
para cicatrizarlas.
Es por eso,
que tengo mucho cuidado
al escoger mis palabras.
Cuando abro
la pequeña puerta de su jaula,
me revolotean agitadas,
todas quieren encontrar su sitio
entre mis líneas gastadas.
Pero yo,
solo recojo aquellas
del plumaje más preciso,
las que vuelan al unísono,
no importa si graznan o si cantan,
porque un poema es solo eso:
Bandada de sentimientos,
rítmico vuelo de las palabras.

> Yo te quiero, verso amigo,
> porque cuando siento el pecho
> ya muy cargado y desecho,
> parto la carga contigo.
>
> José Martí
> *Versos Sencillos*

Se siente la atmósfera
cargada de sombras.
Se sienten las sombras
cargadas de olvido.
Pronóstico: de tormentas,
con un frente frío,
muy frío en el alma.
Escribo versos
para interponerlos
entre el aguacero y yo
y así, al resguardo de mis palabras,
se siente menos esa adversidad
que cala hasta los huesos.
Observo cómodamente
desde sus oquedades negras,
como cae a mi alrededor
esa lluvia, a la que temo
porque es una lluvia
que pudiera empapar
algo más que mi cuerpo.
Esa lluvia de recuerdos,
rebota en mi poema-paragüas
y se divide en pequeños chorros
que se escurren a mis pies,
formando unos charcos
de bordes luminosos,
que puedo ir vadeando ahora,
sin temor a mojarme los zapatos.

> ¡Oh vosotros que entrais,
> abandonad toda esperanza!
>
> Dante Alighieri

Hoy camino entre los penitentes
sometidos a rumiar su existencia.
Dominados por la melancolía de saber,
que las circunstancias que nos asaltan
al final de cada círculo,
están totalmente fuera de nuestro control.

El libre albedrío es un chiste.

El amor, es sólo un parcho
que ponemos sobre esta herida,
que se abre todos los días
y a veces, es la herida misma.
Necesito que las palabras
vengan en mi ayuda,
para exorcisar esta desesperanza
que me asedia sin tregua.

Refugio frágil es un poema.

Cuando más, puedo esperar
construírlo de forma
que no se doblegue del todo,
ante el peso de las críticas y mis acciones,
y se derrumbe sobre mí
y aquellos que me quieren bien
y que no tienen la culpa
de mi estado de ánimo de hoy.

No, gracias

La muerte tomó
de la mano al poeta,
entrelazó sus dedos
y le dijo:
–Ven conmigo,
te llevaré a donde reposan
los huesos de los grandes poetas,
donde la tierra
está henchida de poesía
y versos gloriosos se escriben
en mármoles eternos–.
Y el poeta le contestó:
–No, gracias,
prefiero mi poesía
todavía hecha de carne
y escribir mis versos
sobre el efímero papel,
y si alcanzo alguna gloria,
que sea mientras mis pies
dejan huella sobre la tierra–.

Esquela

Todos los críticos lo dicen,
el público más selecto lo confirma,
con el beneplácito
de engabanados inversionistas:
El mejor artista
es el artista muerto.
Sus pinturas alcanzan
cifras astronómicas en las subastas;
sus libros se traducen a varios idiomas
y producen incontables ediciones;
su música es interpretada
en todas las salas de concierto
llenas a capacidad.

Por eso yo estoy preparándome
una especie de muerte pequeñita,
voy colocando,
entre los versos que escribo,
un epitafio minúsculo
–con cada poema
una línea más de mi esquela–
para irme asegurando
mi pedazo de posteridad,
mi reclamo a la fama
por diminuto que sea.

Posdata:
¿No cuenta que uno
se esté muriendo por dentro?

Epitafio

Escribió poesía
como un acto desesperado
para evitar una vida
chiquita y miserable
y una muerte anónima.
De nada le valió.

Su vida transcurrió
con la misma brillantez
de una vela de diez chavos,
y a estas alturas
ya nadie se acuerda
donde está enterrado
o donde esparcieron sus cenizas.

Y, a decir verdad,
después de tantos años
a quien carajo le importa.

Motivos de poesía

Hay circunstancias
que ameritan poesía:
Hay ojos que merecen
sendos sonetos,
injusticias que reclaman
el látigo de unos versos;
hay caricias que imploran
palabras de ternura,
insinuaciones que requieren
una réplica inmediata
y también hay veces
que sobran las palabras.
Hay presencias que inspiran
emocionadas décimas,
ilusiones que solo existen
si se realiza un poema.
Hay recuerdos que se evocan
leyéndolos en voz alta,
pero hay otros que pertenecen
a la memoria callada.
Hay caminos que necesitan
las indicaciones más precisas,
paisajes que permanecen incognitos
si no se canta su belleza;
atardeceres completos
desaparecen tras la noche
si no los rescata el poeta.
Hay cantos determinantes
en la vida de los hombres,
sueños que no perecen

cuando llega la mañana
y hay gritos que no se apagan
aunque los acalle la muerte,
porque permanecen para siempre
entre las líneas de un poema.

Cuídate
de los poetas nocturnos.
Cuídate
de los mensajeros nocturnos
de la poesía.
No habrá nada
que impida
su paso inexorable,
ni tan siquiera la lluvia
por más fuerte
que caiga.

Advertencia

Te lo advierto,
nuncas hagas el amor con un poeta:
Es un chismoso literario,
literalmente un sin-vergüenza.
Le contará a todos
tus más íntimos secretos
y exagerará sus amatorias proezas,
pondrá en palabras tus caricias;
publicará tu topografía
para que todos la vean;
serán del dominio público
todos tus accidentes geográficos;
tus valles, tus montañas
y tu espesura más discreta;
el modo en que te sonríes
cuando todo ha terminado
y la composición tan delicada
del pelo sobre tu oreja.
No conforme con escribirlo,
lo echará todo a los cuatro vientos
si la ocasión se le presenta.
El muy descarado
compartirá tu denudez
con toda una nueva audiencia.
Algunos espectadores
no podrán soportar estoicos
el diluvio desaforado
de pezones, nalgas y piernas.
Las señoras abochornadas
encontrarán un nuevo tono rojo
para manifestar su modestia;
algunos de los hombres

disimularán su excitación
mirando distraídamente
la punta de sus zapatos,
pero otros contemplarán
con una pasión inusitada
a sus más cercanas compañeras.
Escandalizados unos,
alborotados los otros,
se escabullirán de la tertulia
discretamente, en parejas
hasta que queden solamente
los anfitriones, tú y el poeta.
Te lo advierto nuevamente,
para que no pases más vergüenzas,
guarda mejor tu fuego
para cuando hagas el amor
con una persona más discreta.

Un poeta ante la luna llena

Estás tan cerca hoy,
que casi puedo tocarte
con la punta de mis versos.
Me podría llenar
de ese fantasmal polvo lunar,
atravesando tus desiertos
y luego bañarme con la sombra
de tu Mar de Tranquilidad.
Dar brincos enormes
desprovisto de todo peso,
para abrazarme a tus picos más altos:
Tauro, Apenino, Cáucaso,
caminar por el espinazo afilado
de tus cordilleras lunares
en un acto de equilibrio inaudito,
o descender a la oscuridad más abyecta
de tus cráteres vacíos:
Hércules, Atlas, Cassini,
levantando pequeñas nubes
de polvo luminoso en cada salto
que nadie más vería desde la tierra.
Ese sería nuestro secreto:
Yo alteraría poco a poco
tu geografía con mis juegos,
mis travesuras infantiles
sobre tu esfera luminosa,
y te renombraría de nuevo
de la forma menos científica posible.
Y el silencio.
¡Ah, ese silencio!
Esa filigrana plateada

que seduce al tiempo,
como granos de arena fría
que se escurre entre mis dedos,
una lejanía acariciada
por el eco de mis pasos.
Justo entonces desciendo:
Mis pies de nuevo en la tierra,
cosmonauta de un minuto,
viajero de segundos-luz,
transportado por el sueño.

30 de septiembre de 2004

Odas
y
Elegías

> Cuando hay muchos hombres sin decoro,
> hay siempre otros que tienen en sí
> el decoro de muchos hombres.
>
> José Martí

Una lección de geometría*

¿No tiembla tu mano
cuando marcas tu ignominia
debajo de ese círculo?
¿No te remuerde la conciencia
cuando sepultas con esa cruz
la dignidad de tu pueblo?
¿Qué esperas sacar
de ese gesto pusilánime
de dos trazos de tu lápiz:
ganar unos
dólares más
o pagar unos dólares menos?
¿Habrá todavía algo sagrado para ti,
algo a lo que no puedas ponerle precio?

Si tú quieres, arrastra contigo
todos los círculos de tu traición
que yo convocaré
a todas las demás figuras geométricas
que todavía tengan vergüenza.
Acudirán a mí triángulos
de todas formas y tamaños:
Isósceles afilados
como puntas de lanzas,

---

* Este poema se escribió el mismo día que se celebraba uno de los tantos plebiscitos coloniales que se han llevado a cabo en la Isla. El círculo era símbolo de la estadidad, el cuadrado del ELA y el triángulo de la independencia.

equiláteros, predicando la igualad
con todos sus ángulos
y aún el humilde escaleno.

Pero también me asistirán
todos los cuadrados y rectángulos;
polígonos y poliedros;
paralelogramos y paralelepípedos,
(¿puedes decir eso en inglés?)
todos ellos más cercanos a mi corazón
mientras más lejos estén
de tu diámetro cobarde.

Pero sobre todo,
opondré a tu maldito círculo
una estrella.
Una sola estrella de cinco puntas,
o cinco triángulos si prefieres,
como cinco razones contundentes
que resuman toda la geometría
de ser puertorriqueño.

14 de noviembre de 1993

para Julie,
pintora incipiente pero prometedora.

Añoranza de la inocencia

Detén el tiempo,
congela tu rutina por un momento,
para asomarte
a la ventana de tu niñez,
para contemplar
desde la puerta de antaño,
el paisaje jóven
aún no contaminado por el humo
ni los malos pensamientos.

Deja que la nostalgia te envuelva
con su olor a talco y azucenas;
con su sabor a mangó
recién bajado a pedradas
del palo del vecino.
Vuelve al tiempo en que la risería
ocupaba toda la casa
y tus pequeños cómplices
correteaban todo el vecindario.
Recuerda tu inocencia
y tu juguete favorito:
Aquella bola de goma multicolor,
el tren, el botecito,
o la querida muñeca
que cerraba sus ojos para dormir.

Rescata esa curiosidad insaciable
con que volvías locos a tus mayores,
cuando los acosabas a preguntas
para expandir tu pequeño horizonte.

Salva las distancias
del espacio y del tiempo
para reencontrarte
con el niño que llevas adentro,
para que puedas
encontrar de nuevo tu paz
en un mundo dislocado,
tu infancia primera
en este ambiente dilapidado.
Para que puedas rescatar
tu felicidad.

27 de abril de 1994

Alabanza del papel

Te siento bajo mis manos
mudo, terso,
esperando por mí para crecer,
para alcanzar tu voz conmigo.
Te lleno de versos
que corren páginas
para llegar a otros ojos
y a otros oídos;
o te preño de grafito
para liberar los contornos
de las figuras
que llevas adentro;
te tiendo
sobre la plancha entintada
para convertirte
en una de muchas estampas,
hermanas de una misma edición;
o te recorto
en perfiles multicolores
de paisajes imaginados,
de filigranas como ventanas
de la arquitectura de mis sueños.
Siempre siento un placer,
inevitable,
cuando mis dedos
exploran tu superficie
en la ceremonia inicial
del reencuentro
− te descubro primero,
luego te poseo −.

Otros te abandonaron
por la tabla o por el lienzo,
pintores de la noche a la mañana,
cuando te traicionaron a ti
se traicionaron ellos.
Yo no,
yo quedé sujeto
a tu encanto eterno,
celebrando tu diversidad infinita:
Papel europeo
de acabado satinado,
suave al tacto,
con tu nombre y tu apellido
recortados por la luz;
papel japonés, éxotico,
con ríos de fibras
recorriendo tu paisaje
poblado de fragmentos de la sombra
de un bosque de bambú;
y papel nuestro,
hecho de las pulpas aromáticas
de la caña de azúcar
y de la mata de plátano,
irradiando la luz del Caribe.

No hay para mí
material más preciado,
como no sea,
tu prima-hermana madera.
Ancestral,
contemporáneo,
con voz de siglos,
con voz de ahora;
vehículo del arte
y la literatura,
vehículo de la protesta
y la denuncia.

Tan indispensable
que tengo que usarte
para hacerte este homenaje,
tendiendo mis palabras
sobre tu lomo paciente.
Paciente desde siempre
y para siempre.

Martinó del Sur*

Deslumbrado,
camino entre tus paisajes
henchidos de sol,
entre tus paisajes de luz brillante
refractada de uno a otro lienzo,
como multitud de espejos
rojos y amarillos
de una sola visión.
Paisajes agrestes
que todavía no habían sido
agredidos por la autopista,
paisajes de tu juventud
de mañanas y tardes
de sol intenso,
de luz intensa,
de buenas intenciones
con pequeñas dosis de verde.
Árboles de presencia conmovedora
que no pertenecen
a ningún bosque en particular,
sino a todos los bosques,
que atrapan en sus ramas
hasta el último destello
de melancólicos mediodías
y parsimoniosas puestas de sol;
almacenando ese calor
para devolvernoslo con creces
en tu paleta.
Existen algunas noches
en tus paisajes,
pero son las menos

porque sé que prefieres
recordar tu Sur así:
Caliente, centelleante,
con el sol quemándonos los ojos
en medio de la llanura despoblada.

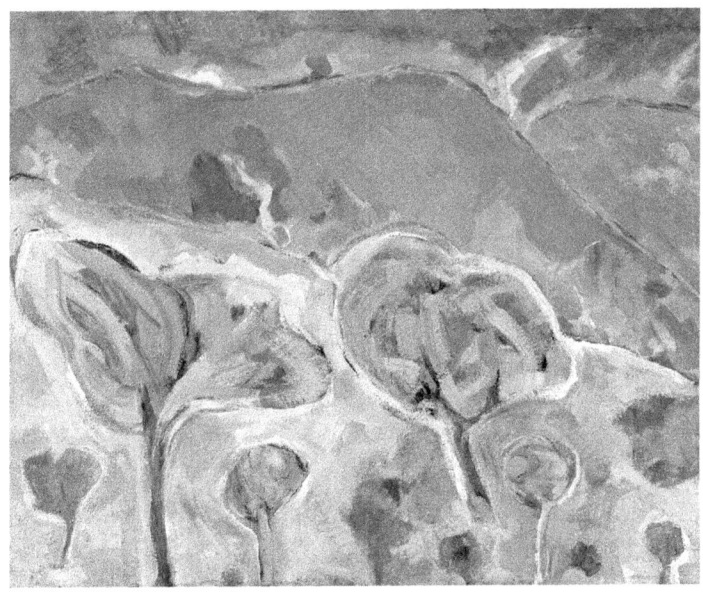

Dos árboles, 1999
Acrílico / masonite
24" X 30"

---

* Con motivo de la exposición de José A. Torres Martinó *De nuestro bosque ultrajado* en Galería Botello, 1999. Con toda justicia, este poema debió aparecer en *Poemas sobre el lienzo*, junto a todos los otros poemas dedicados a pintores históricos y contemporáneos, como se merecía mi amigo y maestro.

Los últimos minutos de Toshiro

Hubo un cielo azul
de un verano azul
hace cincuenta años,*
cuando Toshiro abrió los ojos
con los ruidos cotidianos:
los vendedores ambulantes,
los escolares alborotados,
el matrimonio de al lado
ya peleando tan temprano,
el tráfico en la calle
de tranvías y de guaguas
repletos de gente
camino al trabajo.

Sin embargo faltaba algo.

Toshiro extrañó los ruidos
que no lo habían despertado:
el canto de los gallos,
el ladrido de los perros,
el gorjeo de los ruiseñores
en los árboles cercanos;
y sintió el silencio de la fauna
como un presagio.
Sin saber exactamente porqué
se asomó a la ventana,
d e s p a c i o
y alcanzó a ver
un punto diminuto allá arriba

---

*Este poema se leyó por primera vez, en el quincuagésimo aniversario del bombardeo de Hiroshima.

rompiendo la simetría
del cielo de verano.
Hasta que sintió los motores,
no pensó que fuera un avión
lo que antes le pareció
un pájaro extraviado.
Un solo pájaro enemigo
flotando en el espacio.

No prestó atención a las sirenas
que conminaban al refugio,
¿qué podría hacerle un solo avión
a la ciudad de Hiroshima?
Quizás inundar las calles de panfletos
como en días pasados,
exigiendo la rendición total
en términos muy pretenciosos –
después de todo,
ellos iban ganando –.

Iba a la cocina
para hervir el agua
del té de la mañana,
cuando sintió el silbido
que le heló el alma.
Un silbido que lo reclamó
de nuevo a la ventana.

Pero no alcanzó a ver nada.

La ciudad desapareció
con un resplandor de diez soles,
un látigo de cien huracanes
lo sacudió todo a su paso,
el mundo de Toshiro se derrumbó
en el ojo del holocausto:
los vendedores, los escolares,
los tranvías y las guaguas,

los jardines y los pájaros.
La misma ráfaga calcinante
los unió para siempre
en la incomprensión de lo sucedido,
bajo ese inmenso hongo
de polvo atómico.
Cuando iba de camino
a reunirse con sus antepasados,
tuvo una última visión
de su ciudad amada,
de su ciudad en ruinas,
Hiroshima fragmentada
por la barbarie de una raza
capaz de desatar la furia
de un infierno condensado
en un pequeño átomo.

Sólo entonces tuvo tiempo de llorar.

Y su llanto tuvo un eco
varios días después,
cuando el viejo científico,
– Premio Nobel de Física –
leyó en su cuarto
los titulares del periódico
y comprendió que su visión
había abierto una puerta
por la que se introdujo
la cicatriz ardiente
de dos ciudades masacradas,
cuyos nombres marcarían para siempre
sus muchas noches de insomnio,
sus noches de pesadillas,
llamadas por sus nombres
escritos en cenizas:
Hiroshima, Nagasaki
Nagasaki, Hiroshima...

Escarabajo azul

Una serenata azul,
eso eras:
Una noche de seis patas
de mínimas estrellas,
un microuniverso
de galaxias diminutas
caminando entre la grama,
con la luna
atrapada en tus tenazas.
La envidia
de tus compañeros insectos
marrones y grises,
con tu lomo azul
derrotando
el monocromático verde,
hasta que un rumor de alas,
una ráfaga blanca
te arrebató a mi mirada.
Aquello que te hacía único
te perdió para siempre,
hipnotizador iridiscente,
el último de tu especie.

Esa noche,
el grillo cantó en tu sepelio
un canto más triste
que el de estos versos.

8 de noviembre de 1997

Elegía de una estrella

Hace quinientos años
murió una estrella,
pero su muerte
no se hizo evidente
hasta ayer.
Sin ningún ruido
ni efectos especiales,
dejó un hueco
en todos los telescopios del mundo,
una masa gaseosa amarilla
que se disolvió
en el firmamento,
hasta dejar la soledad
más negra del universo.
Durante quinientos años
la luz de la estrella inexistente
deslumbró a cientos de astrónomos,
guió el camino
de miles de navegantes,
millones de amantes
juraron amor eterno
por ese resplandor
situado a quinientos años
de la indiferencia.
Su muerte no fue objeto
de titulares de periódico
ni reportajes especiales,
cuando mucho,
produjo una nota al calce
de una tesis doctoral
que nunca fue publicada.

Sólo un poeta
se ocupó de buscar
las palabras
más resplandecientes
para hacerle justicia
a la estrella muerta,
para levantar
un monumento a su ausencia,
una lápida
para marcar el espacio
de los próximos quinientos años
de silencio.

19 de noviembre de 1998

Amelia Earhart (en su propia voz)

Los sentí llegar a la playa
de esta solitaria isla,
de este atolón en medio del Pacífico.
Llegaron con sus detectores de metal,
con sus GPS y sus sonares
con sus excavadoras y sus radioteléfonos,
a buscarme después de 75 años
a probar y desprobar sus teorías.
A ver si es verdad que morí
en los brazos de Fred [1]
en ese momento del impacto final,
fundiéndose nuestros huesos
con el lodo de la isla Howland.
O si nadamos hasta la orilla
después de hundirse nuestro "clipper",
para morir de inanición
alejados de toda humanidad.

Predigo que no me encontrarán,
ni en la isla ni en el mar.
Aunque encuentren mis huesos
calcinados por el sol
o habitados por escuelas de peces,
no me encontrarán los que quieren
ver publicado su nombre en la prensa,
o los que piensan vender los derechos
de su inminente "best seller"
para la próxima película de Spielberg.

---

1 Fred Noonan, copiloto y algunos creen, compañero sentimental de Amelia.

No me encontrarán
porque ya no pertenezco a la tierra ni al mar,
ni estoy al alcance de sus palas
ni de sus expediciones submarinas.
Todas las noches mi espíritu navega
entre las corrientes de estrellas [2]
que suman miles de millares
en este inmenso espacio
sobre el gran océano del sur
y a todas ellas las he nombrado
y rebautizado como mi propia constelación,
el espacio de mis nuevas aventuras
con vuelos entre hoy y el infinito
entre la historia y la leyenda.

---

[2] Inspirado por la composición de Dylan Mattingly *Stream of Stars*.

Oda del tambor

En este preciso momento
un hombre toca su tambor:
Lo toca porque es su trabajo,
lo toca porque es su placer,
lo toca porque es su ritual.
La gente oye al hombre del tambor
y baila, sin poderlo evitar,
sus pasos marcados por el golpe
de su mano diestra
La gente se reúne
con el hombre del tambor
y canta sus canciones
sin perder el ritmo
ni un solo momento
porque él no los va a dejar.
La gente recuerda a sus dioses
 y a sus antepasados
junto al hombre del tambor
que tiene en sus manos
el sonido ancestral
heredado de sus abuelos.

La vida es una
con el hombre del tambor,
un eco de tambores
recorre el universo:
El caribeño toca su *conga*,
el indio su *tabla* milenaria,
en los Andes el *bombo legüero*,
en Brasil una *escuela de samba*
lleva el carnaval por dentro

con *surdo, cuica* y *pandeiro;*
el africano trae su *batá,*
cuero hembra y cuero macho,
colgado de su cuello,
barril, güiro y *plenera*
toca el puertorriqueño;
todos los hombres
de todas las razas
unidos por un solo instrumento,
el instrumento antecesor,
el primero que se escuchó
en el principio del tiempo.

Y si alguien quisiera
silenciar este coro mágnífico
de palos y manos sobre los cueros
todavía, en ese silencio,
no podría acallar la percusión vital,
la que late en nuestro pecho
hasta el final de nuestros días,
eterno tamborero.

Requiem para Antonio*

Amigo, te creíamos invencible.
Amigo, te creíamos eterno.
Todavía esperábamos muchas cosas de ti.
Por eso nos asomamos
incrédulos,
al filo de tu tumba
para cerciorarnos
de que la muerte
no nos estuviera jugando
una mala pasada,
segando nuestras esperanzas
con la ilusión de tu ausencia.
Al final, nuestras dudas
fueron sepultadas contigo,
pero toda la tierra
y todas las lágrimas
no bastaron
para cubrir tu recuerdo
bajo el sol candente
del mediodía.

Antonio,
ahora que la tristeza
ya no muerde mi alma
con la misma intensidad,
tengo la serenidad
para evocar tu recuerdo.
Ahora, cierro mis ojos
y puedo ver tu imagen,

---
* Antonio Fernández, amigo, compañero de estudios y de tertulias.

como si no hubieran pasado
veintitantos años,
juntos enfrentando retos nuevos,
dosificando las dificultades
con buen humor
y alguna que otra maldad.
Sentados a la misma mesa,
todos compartiendo
tu amor por la buena comida
y el buen vino,
discutiendo toda clase de tópicos
donde casi siempre
se imponía tu punto de vista,
no solo por ser el mayor
sino también el más terco.
Y la música.
Siempre la música,
como denominador común
de nuestra amistad.

Pasión por toda la música
de cualquier parte del mundo.
Tú llevándome por terrenos
antes inexplorados por mis oídos,
yo dejándome guiar
como una especie de Dante inmaduro,
articulando la poesía de cada pieza,
desglosando ritmos y armonías
nuevos para mí.

Antonio,
aprendí mucho de ti,
pero la lección más valiosa
que me diste,
fue la de tu amistad
sincera y generosa,
una de las pocas cosas seguras

en un mundo inseguro,
constante, en un mundo
donde la inconsistencia es la regla
y no la excepción.
Te despido con estas palabras
que quise decir en tu sepelio,
pero que no me salían,
ahogadas en mi garganta
por lo inesperado de tu partida.
Adiós amigo. Hasta siempre.

Elegía del cine de barrio

Fin de semana:
Doble cartelera
por uno cincuenta.
El final perfecto
de la liturgia dominical,
el refugio ideal
de una tarde de verano.
Afuera quedaba la luz cegadora,
adentro, mis pupilas
se dilataban
a tu penumbra acogedora,
envuelto en el olor
de tus viejas alfombras
y el "pop-corn" fresco.
Mientras buscaba la butaca
menos desvencijada,
la sala se iba oscureciendo
hasta que la única luz
era el haz tembloroso
que acariciaba la tiniebla.
En la fantasía proyectada
se sucedían en tropel
falsos centuriones
y gladiadores romanos,
piratas ingleses y caribeños,
revolucionarios mexicanos
y americanos mercenarios,
indios y vaqueros.
Años más tarde decidiría
quienes eran los "malos"
y quienes eran los "buenos".

Había acción,
pero también había romance.
En los rincones más aislados
se intercambiaban caricias furtivas
y besos clandestinos,
amparados por la oscuridad más cómplice,
rodeados por las risitas disimuladas
y los comentarios escandalizados
de las señoras clase media.
La titerería del segundo piso,
interrumpía el silencio
de un melodramático suspenso,
con algún comentario impertinente
y la risería sólo era acallada
por el ojo acusador
de la linterna del acomodador.

Eras símbolo
de una época más inocente
en un país menos tenso
y era inevitable
que sucumbieras al "progreso",
de los cines I, II y III
de los centros comerciales
y al insidioso video.
Tus facahadas tan familiares
mitad templo, mitad "art deco",
fueron desapareciendo,
como desaparecía nuestro paisaje
en aras del expreso.
Uno a uno se fueron apagando
tus nombres de neón:
New Victoria, Modelo,
Isaresa, Martí, Rex Cinema,
Corcelles, Ambassador Matienzo,
Paradise, Astor, Cortés I,
Radio City, Excelsior,

y muchos más que ahora,
solo nombran recuerdos.
Pero treinta años atrás,
yo sólo era un adolescente
enamorado de las películas
que salía de noche a la calle,
después de la doble tanda,
sin saber todavía
que también para ti
estaba anocheciendo.

23 de noviembre de 1994

Otro 11 de septiembre

Para Salvador Allende
a treinta años de su muerte.

What goes around, comes around.

Hubo otro 11 de septiembre
hace treinta años,
cuando otro golpe sacudió
las esperanzas de un continente.
Entonces los recién victimados
eran los victimarios,
auspiciadores de sicarios
de la tortura y la muerte.
Los Judas flamantes fueron pagados
con treinta monedas del cobre,
que brevemente fue chileno,
y que ahora los esbirros devolvían
a las garras del extranjero.
Hubo un 11 de septiembre
en que un hombre solitario
traicionado y abandonado,
oponía la estrella de su ideal
a los cañones de los tanques
que lo habían acorralado.
Resonó su despedida
antes de que fuera ahogada
por la metralla asesina
y decidió entregarle a su pueblo
lo único que poseía en ese momento:
Antes que traicionar su sueño
prefirió rendir su vida.
Tras aquel 11 de septiembre,
los hijos de Chile sufrieron
la rabia desmedida de una bestia
que juntó cadáveres y desaparecidos
suficientes como para llenar

otras dos torres de acero y de cristal.
Si bien la memoria más reciente
acaparará los titulares,
no puede ocultar el precedente
de los muertos del pasado
que también tenían hijos, esposas y padres;
que sólo fueron sacrificados
por querer para su patria
un destino diferente.
Que hubo otro 11 de septiembre
no es total coincidencia,
es un llamado a la conciencia,
de un calendario inexorable:
A treinta años de distancia,
los que exportaron la violencia,
recibieron en su propia carne
la cosecha del humo y el fuego
y la muerte de sus inocentes.

11 de septiembre 2003

Oda al espárrago

Rey de los vegetales,
soberano en cualquier mesa,
con un linaje real que se extiende
desde la borrosa márgen del Nilo
hasta los suntuosos
banquetes de Versalles;
con tu corona espigada
ora verde, ora morada,
ora blanca cuando despiertas
de un largo enterramiento.
Tú eres la estrella brillante
en el firmamento de la ensalada,
dócil adorno
del arroz con pollo y la paella
sorprendente,
envuelto en una tortilla.
Pero te prefiero más
cuando actúas solo,
embarrado en mantequilla,
todavía crujiente
porque tomé cuidado extremo,
de no cocinarte demasiado.
En el supermercado
así, amarrado a tus compañeros,
parecen pequeños ejércitos
con lanzas en ristre,
dispuestos a conquistar
el paladar más exigente
y la mesa más exclusiva.
Esbelto,
circunspecto,

delicioso,
eres bienvenido en mi mesa
todas las veces que quieras.
Mientras tanto,
recibe estos versos
que tratan torpemente de imitar
los de un gran poeta
que también, estoy seguro,
gustó, en su momento,
tu sabor milenario.

Oda al viejo Yang Tzé

Por las tres gargantas del Yang Tzé
se derrama el agua implacable,
el río devora su historia
para escupir kilovatios;
sepulta pueblos enteros
para iluminar a Beijing.
Los ancianos lloran sus antepasados
en sus tumbas marinas,
roto para siempre
el hilo ancestral.
El dragón plateado
pierde sus garras
para convertirse
en una bestia indolente y plácida
de cientos de millones de galones.
Los templos milenarios
observan con asombro,
desde una altura segura,
como las máquinas
terminan por dominar
la furia del Yang Tzé,
en este penúltimo encuentro
entre la historia y la tecnología.

Pequeña elegía para Jdimytai Damour

Viernes negro
Black Friday,
negro de avaricia,
negro de ignominia,
negro de luto,
negro de fin del mundo.
Una vida por un plasma TV,
un sueño por una laptop,
muerte por venta especial.
Una estampida infrahumana
ahogó para siempre
la risa de Jimmy Damour,
sus añoranzas de Port-au-Prince,
su intención de construir
una nueva vida
y una nueva familia,
en un nuevo país.

Otro obrero inmigrante
seducido por los cantos de sirena
del capitalismo agonizante
que en recompensa,
lo pisotea a muerte,
con el único epitafio
de una nota en los periódicos,
que en una semana
nadie recordará:
"Empleado de Wal-Mart
muere aplastado en viernes negro"
En vano buscaremos los culpables,

porque nadie quiere encontrarlos,
porque para encontrarlos,
tendríamos que asomarnos
a un sitio muy oscuro,
dentro de nosotros mismos.

Oda a la guitarra eléctrica

Aullido del rock
gemido del blues,
silbido sincopado en el jazz
susurro en el bossa nova.
Fuiste arrebatada
de los brazos de Les Paul,
que te dio nacimiento,
por una generación
que buscaba nuevos sonidos
que enardecieran sus oidos jóvenes
y lastimara las tradiciones
de sus mayores.
Bill Haley te llevó
en un paseo alrededor del reloj,
Bo Didley te dio forma inesperada,
B.B.King te puso nombre de mujer.

Pronto recorriste el globo,
cuando los británicos
le devolvieron a los americanos
la herencia de sus negros
por tanto tiempo ignorada y acallada.
Los lamentos de los esclavos
se convirtieron en los bailes de moda;
las cuitas de amor
de los recolectores de algodón,
en las baladas pop
con que ahora los blancos,
enamoraban a sus hembras.
Y tú como punta de lanza
en las manos de Keith Richards
de George Harrison, de Jimmy Page,

y de Eric Clapton
que adquirió entre tus cuerdas
un rango divino
con sus solos como liturgias;
hasta que otro,
americano como tú,
negro como el blues,
te hizo el amor,
te despeinó y te recompuso
en su viaje frenético
al cielo y al infierno
y ya no serías la misma;
cambiaste en los brazos de Jimmy
y nosotros cambiamos contigo
y con nuestras esperanzas
que murieron,
como el apóstol virtuoso,
después de Woodstock.

Como un nuevo fénix,
de entre las cenizas de Hendrix,
te levantaste en las manos
de un trovador latino,
con una nueva entonación para ti,
muy chicano, muy este de L.A.
Santana de apellido,
con cómplicidad de congas y timbales,
de maracas y de güiro.
Fue la llama que prendió
la mecha de la fusión
que explotó en todo el mundo,
desde España hasta Brasil,
desde México hasta la India,
de la África a la Argentina;
para regresar a sus raíces
con un nuevo repertorio
y una nueva sabiduría.

Vivo enamorado de tu sonido
y de tus formas sinuosas y sensuales,
Grestch o Gibson,
Rickenbaker o Stratocaster,
al frente de una banda
estrellada de luces cegadoras,
en la penumbra de un lounge
sola o en trío de jazz,
o en el estereo de mi sala,
eres mi cura para la melancolía.
bandera de sentimientos
para mi generación
y la de mis hijas.

para Zenobia

Ángel maderero

La madera oculta un ángel,
un ángel noble de vetas doradas,
de surcos profundos de miel
en las plumas de sus alas.
Un ángel milenario
que guía la cuchilla
en las manos del artesano
y se multiplica mil veces
en la belleza del tallado.
Se instala en nuestras casas
con sus ojos de flores
y sus patas de caballo,
con su halo de hojas
y sus brazos frutales,
para renacer cada día
con el brillo de nuestras manos.
Ya no será más espíritu
del bosque desangrado,
sino ángel de nuestra estancia:
Nuestro ángel cotidiano.

Romance sobre un tema de Piazzola

Las piernas se entrecruzan,
el ritmo marca la cadencia,
las pausas aceleran el pulso,
las caderas giran firmes ...
En el tango,
en el tango.

El deseo se acrecienta
con las notas que se alargan,
las miradas se encuentran,
la elegancia es un suspiro ...
Es el tango,
es el tango.

El bandoneón enlaza la tarde
sobre la noche del piano,
las estrellas rasguean cuerdas,
al unísono todos los astros ...
Con el tango,
con el tango.

Se deshacen secretos
en la cuenca de un oído,
los cuerpos se inmolan
con un fuego incontenible ...
Por el tango,
por el tango.

La añoranza crece en el salón
con el eco de la última nota,
la soledad acapara el vacío
que no es posible llenar ...
Sin el tango,
sin el tango.

Mercedes, a tu presencia eterna*

Mercedes,
eres el mundo irrepetible,
la juventud irrepetible.
No puedo imaginar
mis años universitarios
sin tu voz cálida,
sin tu voz impetuosa,
sin tu voz como una aldaba
en la puerta de la conciencia.

Sin tu voz como un himno
para toda América.

India, negra, tucumana
con tu poncho y con tu bombo,
despertando las viejas esperanzas,
de esperanzas nuevas.
Se apagó el eco
de tu voz vibrante
de tu instrumento magnífico,
que mordía la conciencia
de los tiranos
y aliviaba las penas
de tu amado campesino.

Arden los Andes
por tu ausencia.

Hago una misa por tu alma

---

*Mercedes Sosa, la incomparable cantante argentina.

con bombo y con quena,
con guitarra y con charango,
con arpa y con zampoña.
Un responso
en quechua y en guaraní,
en aimará y en náhuatl
que sea digno de acompañar
tu espíritu, en su vuelo
desde Yucatán
hasta la Patagonia.

Ahora es tu patria la que te canta
"de Norte a Sur, de mar a mar"*.

---

* Línea tomada de la canción Es *Sudamérica mi voz* de Ariel Ramírez y Félix Luna del disco LP *Cantata Sudamericana*, Edisa, Montevideo, Uruguay, 1974.

Mausoleo para Ché

Hoy quisiera entonar
una elegía al Ché,
pero no al Ché epopéyico,
revolucionario de América,
sino a un Ché de cuatro patas
y negra pelambre,
que llegó a nuestras vidas
como un regalo a mis niñas
conspiradoras,
para vencer mi resistencia
de tener un perro en casa.

Ché:
Al principio,
estábamos como en guerra
porque te comiste
varios de mis libros
y algún que otro zapato,
pero pronto me fuiste ganando
con tus "besos" por la mañana
y tus ladridos de bienvenida
cuando llegaba del trabajo.
Te añoñamos de mil maneras,
te colaste entre las fotos familiares
como una alegría saltarina
y jugábamos contigo,
aunque confieso
que nunca pude lograr
que me devolvieras la bola.
Corrías por el patio como poseído,
le ladrabas al cartero
y desaparecías por horas

detrás de las matas de la verja,
como si te internaras
en un mundo tuyo privado.
Viste crecer a mis hijas
estudiar, trabajar, ir de fiesta
y llegar de madrugada
y luego, con tristeza como nosotros,
abandonar el hogar materno.
Pasados los años, un día,
algo estalló en tu cerebro,
nunca supimos que,
y aunque superaste esa crisis,
desde ese momento
nos empezamos a poner viejos
tú y yo, espejos uno del otro,
de nuestros achaques recién encontrados.
Tu mirada se enturbió un tanto
se tornaron más lentos tus pasos,

Ché 1998 - 2012

tuve cataratas, tú también;
nos salieron canas a los dos
y se nos hizo difícil
levantarnos por la mañana
por esa dureza que deja en los huesos
la frialdad de la noche.
Te fuiste apagando
hasta que ya no eras
ni una sombra del regalo
de hace catorce años.
Tus patas, perdieron su fuerza
y tus caídas eran más frecuentes
hasta que ya un día
no te podías levantar
sin nuestra ayuda.
Tu angustia
de gemidos desesperados
reflejaba la nuestra
al verte así,
impotente para resistir
el paso del tiempo.
Fue entonces que tomé
la decisión más difícil
que he tomado en mi vida:
Darte un descanso
de tu sufrimiento.
Expiraste en nuestros brazos
luego de la inyección liberadora
y al final, solo pude ofrecerte
una cremación anónima,
obligados por nuestras circunstancias,
pero en mi corazón,
desde que dejó de latir el tuyo,
te empecé a levantar un mausoleo,
un monumento hecho de sentimientos
incorruptibles
por el tiempo y por el dinero.

Ahora la casa
me parece un hueco enorme
y cada rincón está huérfano
de tus brincos y tus ladridos
pero tu memoria es un celaje
que está siempre presente
donde quiera que miramos.
Adiós para siempre,
mi amigo más fiel,
mi mejor amigo:
Ché.

www.ingramcontent.com/pod-product-compliance
Lightning Source LLC
Chambersburg PA
CBHW060405050426
42449CB00009B/1905